La gioia e il lutto
Joy and Mourning

Paolo Ruffilli

Poetry Europe No. 19

First published in 2007 by
The Dedalus Press
13 Moyclare Road
Baldoyle
Dublin 13
Ireland

www.dedaluspress.com

ISBN 978 1 904556 69 5

Dedalus Press titles are represented in North America
by Syracuse University Press, Inc., 621 Skytop Road,
Suite 110, Syracuse, New York 13244, and in the UK by
Central Books, 99 Wallis Road, London E9 5LN

Printed and bound in the UK by Lightning Source,
6 Precedent Drive, Rooksley, Milton Keynes MK13 8PR, UK.

Typesetting and Design by Pat Boran
Cover painting: Crucified. Ceasta, No. 11,
from the Turas Chonnacht series by Fergus Lyons.
Collection of the Arts Council / An Chomhairle Ealaíon

The Dedalus Press receives financial assistance from
An Chomhairle Ealaíon / The Arts Council, Ireland

the arts
council
an chomhairle
ealaíon

La gioia e il lutto

Passione e Morte per Aids

Paolo Ruffilli

☞

Joy and Mourning

translated from the Italian by

Pádraig J. Daly

With thanks to Alessandra Schiavinato
for her generous and invaluable assistance.

Dedalus

a mia figlia e a tutti i figli del mondo

"La verità è che
nascendo o morendo
non c'è, in fondo,"
mi ha detto mia figlia
piangendo,
"nessun rispetto
per la dignità della vita
nel mondo".

to my daughter and to all the children of the world

"The truth is
whether in being born or dying
deep down there is not,"
my daughter said
weeping,
"any respoect
for the dignity of life
in this world."

...solo ciò che hai amato per davvero
non ti sarà strappato
ciò che hai amato per intero
è la tua vera eredità

— Ezra Pound

What thou lov'st well shall not be reft from thee
What thou lov'st well is thy true heritage

— Ezra Pound

La gioia e il lutto

(1987—2000)

Joy and Mourning

(1987—2000)

L'accendersi e
lo spegnersi
(per caso?) della vita,
la traccia luminosa
la scia che lascia
dietro a sé
quello che è stato,
amato e conosciuto
per essere perduto,
la gioia e il lutto:
precipitato, tutto,
nel cieco vaso
tra le braccia del buio.
L'orma, appassita
eppure intanto rifiorita,
di ogni cosa.

The sparking and
the quenching
(by chance?) of life,
the luminous trail,
the track which
that which was,
beloved and reckoned
lost,
leaves after it,
the joy and the mourning:
all fallen
into the blind vessel
held in the arms of darkness.
The spoor, faded
yet newly flowered,
of everything.

Così ridotto e
devastato: lui, reietto
perduto per la strada,
lui drogato. Perso, adesso,
anche dentro il letto
accartocciato
nel lenzuolo bianco
smunto e arreso là,
riverso sopra il fianco.
Diventato la metà e meno
di se stesso,
rinsecchito dentro i panni
fatto vecchio e cadente
nel fiore dei suoi
anni, nel pieno di una
vita già appassita.
Inerte ormai a tutto
e senza presa intorno
neppure sulla
luce pallida del
giorno. Sangue del suo
ventre, carne della carne,
mentre siede china
sul fagotto muto,
gli giace presso
tesa a farne oggetto
finalmente della pace.
<<Figlio amato, qualunque
tu sia stato>>, il gemito
tenuto e poi lasciato
nel silenzio che
precede la rovina.

Ravaged,
devastated, rejected:
he is lost by the roadside,
doped out. Still lost,
even in his bed,
thrown on his side,
curled up,
gaunt and docile,
beneath the white sheets.
He is less than half
of what he was,
shrivelled underneath the bedclothes,
become old and feeble
in the very flower of his
youth, wilted
in the full of life.
He is oblivious now to everything,
not turning even
to look on
the pallid light of
day. Blood of
her womb, flesh of her flesh,
she sits stooped
over her silent bundle.
She is cast down beside him
yearning to help him
achieve his final peace.
"Whatever you have been,
you are still my Darling Son", is the cry,
withheld, then uttered,
into the silence
that goes before ruin.

Dà la caccia
ai più giovani di noi,
rovina quelli
in forze, ne
fa suoi zimbelli
che tormenta e poi
cancella, non guarda
in faccia ai meriti
e all'età, trascina
a fondo le vittime volute
e preferite, rapina
e spoglia, saccheggia
con gli artigli i soli
a lei graditi. I ruoli
sono ormai invertiti:
i padri seppelliscono
i figli, si prendono cura
delle loro vite perdute,
li stringono feriti
tra le braccia, li
vegliano morenti, senza
più paura assistono
impotenti all'agonia e,
piangendo, se li sentono
strappare via.

Correndo, tutto, in piena
nel suo girare in tondo
...entrate uscite
sparite e ricomparse
tramontate, le cose,
vedute e via svanite...

14

It gives chase
to the youngest among us,
it destroys
the strong, it
makes them its playthings,
tormenting them before
it wipes them out, it does not consider age
or merit, dragging
its marked and chosen
ones downward, it pillages
and plunders, carries off
its favourites
in its claws. Roles
reverse:
the fathers bury
their children, they minister
to their doomed lives,
they clutch them, wounded,
in their arms, they watch
as they die; fear
vanished, they assist
helplessly in their agony and,
heartbroken, they feel them
being torn away.

All racing in full spate,
whirling about
... things coming, going,
lost, found,
overwhelmed,
seen, then vanishing ...

Oh, quale oscura e spenta
mattina va crescendo
sbattuta e
muta al vento
sul palcoscenico del mondo.

ẟ

"Quello che accade
fuori di qui
non mi riguarda.
Sono diverso ormai
dal resto della gente,
si sono separate
la mia e le altre strade,
divento escluso
dalla vita e stento
a prenderne possesso,
dimesso senza appello.
Mi sento sperso
dentro il viavai
delle persone
in questo cesto pieno
della mia stanza
e la ragione
è che tra me
e le cose intorno
si è stabilita
quasi in un baleno
la distanza abissale
e niente vale
a superarla.
Cos'è? Che fai?

Oh, what dark and weary
morning dawns,
vanquished and
hushed already by the wind
that shakes the proscenium of the world!

෪

"What happens
beyond this place
does not impinge on me.
I am cut off from
the rest of my race,
my road and theirs
are seperate.
I have been excluded from life,
prevented from possessing it,
dismissed without appeal.
I feel lost
amid the bustling
crowd
in this loaded pannier
that is my room;
between me
and the things about me
an unfathomable chasm
has suddenly
appeared
and nothing
can traverse it.
What is it? What am I to do?

Continuo a interrogarla
la mia coscienza
ma non riesco adesso
ad aiutarla,
non attraverso più
le sue cortine
di vuoto e di sostanza
del mio già stato.
Non c'è ritorno,
forse, dalla fine".

Il male, consumandolo
gradino per gradino,
lo ha eroso e
via accorciato
riportandolo allo stato
dipendente di bambino.
Con la maniera sua
che aveva allora
rivede il padre,
da distante che era,
di nuovo tornato
onnipotente
e al lui di ora,
disposto a tutto
per arginare
l'attacco furioso
che lo assale,
con uno sguardo
smarrito e trasparente
bramoso di conforto e
di sollievo dal tormento

I interrogate
my consciousness without stop
and find no help,
I can no longer cross
beyond the curtains
of emptiness and substance
to my former state.
There no turning back,
it seems, from my end".

The sickness consuming him
has eroded him
bit by bit and
in a short time
has returned him to
childish dependency.
As in days
long past,
he sees his father,
distant no longer,
but become
omnipotent again,
ready
to do anything
to halt
the furious onslaught
that assails his son.
His glance is
clear yet bewildered
as he seeks comfort and
relief from his torment,

pieno di spavento
ancora chiede
implorante
di essere salvato.

...il moto andante
nello stadio lento,
il respirare corto
del vivente
in procinto di passare
oltre, nel momento
del suo stare
per ridursi assente...

ᛪ

full of fear,
begging once more
to be saved.

... the motion,
moderate, easy,
the short breaths
of the living
in the moment of passing
over, on the cusp
of being
reduced to absence...

ॐ

"Mi sta esiliando
a tappe, il mondo,
a pezzi e a morsi
per gradi esautorando,
togliendo voce e
forza di operare,
separando ed escludendo
dal contesto naturale.
Mi ha già tradito
diventando,
da amante che era,
mio feroce e accanito
nemico personale.
Qui dentro la galera
io solo resto consegnato
alla custodia artificiale
mentre tutti quanti
gli altri, gli amici,
i dottori, l'infermiera,
hanno un'altra vita fuori,
uscendo di ospedale
per loro il campo
è aperto e illimitato
dovunque ognuno vuole.
Lo so che non potrò
più fare parte
per niente della schiera,
lo avverto dal coro
dei discorsi rincuoranti,
dal lampo intermittente
di chi mi fissa incerto
e—cosa più dura
e più dolente—
dall'incrinatura
delle spente parole
di mia madre".

"Little by little
I am being eaten away:
The world is exiling me
in stages,
taking off my voice,
my ability to move,
seperating and excluding me
from my natural ambience.
It has betrayed me already
becoming,
instead of the lover it once was
my fierciest and deadliest
personal foe.
I am consigned
here in my prison
to artificial custody
while everyone—friends,
doctors, nurse—
has other lives beyond.
When they leave here
they find a countryside
open and unlimited
wander where they will.
I know I can no longer be part of the throng,
I know it from the chorus
of encouraging words,
from the flash across the eyes
of people looking uncertainly on me
and—hardest
and most piteous of all—
from the breaks
in the weary utterances
of my mother".

Rabbia e paura
disperante disperato
sconforto, a ragione
o a torto, tumulto
e furore in rivolta
colta e già vagante
precipitosamente
non più in occulto
ormai per sempre
l'occasione.

Di nuovo così innocuo
e disarmato
come da neonato,
bisognoso di cure
e di riposo,
imboccato, accudito
e sorvegliato nel frangente
di ogni suo istante
e movimento.
Un'altra volta, ora,
mi sento preda
ancora dello stesso
spavento avuto
spesso allora
e non c'è cosa
che non veda allarmante
e non mi chieda,
riguardo al suo stato
presente, se mi ascolta
se ha caldo o freddo
se è indolenzito
magari se respira
o se è bagnato.

Rage and terror,
desperate and despairing
distress, justly
or unjustly laid on him, tumult
and fury up in arms,
grasped, then
slipping away
precipitously,
no longer hidden,
but always
finding their out.

So innocuous now
and defenceless
like a neonate
needing care
and repose,
spoonfed, watched over
and cherished in every move he makes,
in the predicament of
every second.
I feel prey
now again to the same
fears which
used to assail me
and everything is puzzling
and terrifying:
how is he
now, does he hear me,
is he hot or cold,
is he in pain,
is he drenched,
is he breathing?

Me lo rivedo qui
appena nato,
come fosse adesso.
Ero incapace
di amministrarlo
e impacciato perfino
a maneggiarlo.
Fonte di ansia, io,
e di apprensione
a scatenarlo
a renderlo vivace,
lui così beato.
Via via intruso
e da me stesso
escluso dalla trafila
di pappe e pannolini,
perdendo poi
equilibrio e
finendo per sentirmi
menomato,
a galla procedendo
ai suoi confini.

I see him
become again
as he was when he was newly born.
I was incapable
of looking after him
and handled him
awkwardly.
I became a font of anxiety
and apprehension,
afraid to let
this beatific creature loose,
fearful of the energy of his movements.
Bit by bit I made myself
an outsider,
cutting myself off from the routines
of feeding and nappy changing,
losing my balance
and ending up
feeling diminished,
floundering about
on his perimeters.

"Credevo, da bambino,
di non essere
granché desiderato.
Venuto, sì, a turbare
una misura per niente
in grado di tenere,
trattato con paura
o sopportato.
Mi sembrava
di restare inascoltato.
Cresciuto a caso
in modo strano:
papà impaziente
lontano nel suo stare
sempre lì vicino,
mamma nervosa
e prepotente
nel ritenermi cosa sua
sul palmo della mano,
pensando a tutto lei
padrona dei miei sogni
volendo provvedere
con la sua sola cura
ai desideri e
ai miei bisogni".

"Since I was a child I believed
that I was
never wanted.
I had come to disturb
an equilibrium for no
good reason,
handled warily,
tolerated.
I felt
that no one listened to me.
I grew up in weird
and random ways:
an impatient father,
distant, even if
never absent,
a nervous
controlling mother
who held me
in the palm of her hands,
thinking to make herself
mistress even of my dreams
wanting to be
the only provider
for all my desires
and all my needs".

Strappare via chi ami
dal cuore della carne
in cui si annida
è come sradicare
la quercia dalla terra:
affonda negli strati
reconditi i suoi rami,
gli oscuri capillari
scesi giù a cercare
sostegno e alimento.
Ma nessun urto mai
per quanto sia violento
riesce a estirpare,
da dentro, il fondamento.
La forza che si avventa
e che l'afferra
smuove la base e
la dissesta dal suo centro,
spezza e squarcia
fette intere, svelle
molti dei suoi bracci
lasciati lì sospesi
nella cascata
delle barbe nere
e porta su
con la sua parte lercia,
con la materia
marcia e purulenta,
con la putrefazione la purezza,
un bene penetrato
nell'imo del più fondo
attecchito nei vuoti
più remoti,

To have one you love torn
from where he has nested
deep in your flesh
is like the uprooting
of an oak from the earth:
its limbs reach down into
secret strata of soil,
its hidden capillaries
search low
for food and nourishment.
But no pull,
no matter how violent,
ever removes it fully
from its fundament.
The force which strikes it
and tugs it up
moves its base
and lifts it from its centre,
breaking and rending
entire sections, snapping off
its branchwork,
leaving limbs suspended
amid a dark cascade
of beardlike twigs
and brings upward
with all its foul parts,
all its purulent
decayed matter
(corruption and innocence conjoined)
the good that is
down within it,
rooted in that
deepest void

dove resta
contro ogni furto e errore
la vita abbarbicata.

⌒

"Non c'è più per me
niente da fare,
nonostante gli sforzi
e le conferme ripetute.
E chi mi va assistendo
la notte e il giorno
è già distante,
calato nel presente.
Non ho trovato
effetto dalle cure,
neppure ci sarà
nell'immediato
o nel seguente.
Sento le premure mute,
l'allegria mesta
dell'infermiera
e le prove di affetto
di tutti i miei qui intorno,
gli occhi rossi di pianto
come vòlti, tacendo,
a tenermi nascosti
le loro previsioni
e lo stato disperato
della mia salute,
inutilmente
perché tanto
me ne sono accorto
dell'intera gravità.

where life itself,
safe from theft or accident,
stays clinging.

ॐ

"Notwithstanding all the efforts
and the constant encouragement,
there is nothing more
that can be done.
Night and day,
each one once distinct,
are fallen together
for those who minister to me.
The treatments
have no effect
nor is there prospect
of present
or future cure.
I sense the silent solicitude,
the counterfeit cheerfulness
of my nurse;
and the gestures of affection
of my assembled relatives,
eyes that are red with tears
as they turn away quietly
to hide their forebodings
and their knowledge
of my woeful prognosis;
and all for nothing
because I am
already well aware
of my grave predicament.

Stiamo perdendo
reciproche occasioni
per il poco che mi resta
e prima che ne sia impedito
voglio tornare a casa
a stare nel mio letto,
nei posti che mi sono
familiari.
Per trasformare
in conforto dal dolore
e magari in festa
questa gente
che mente per amore".

Porto sicuro e
perno del giorno
che svolta rapace
rotte le sponde
nel tuffo nel pozzo
in mezzo alle onde
nel fondo che abbaglia
intanto che smorza
che giace e che vola
arreso e ribelle
disceso salito
all'averno alle stelle
tracolla deraglia
frigore e caldana
col peso smarrito
che calca e che salta
si piega e ribalta
cavalca si sforza
sul cuore fiumana

We are losing
our opportunities:
For the little time that I have left,
and before I am unable,
I want to go back
to my own bed,
to my familiar
haunts,
so that sorrow
may turn to consolation,
even to festivity
for these people
who tell lies for love".

Safe harbour and
pivot of the day
which twists rapaciously,
breaks its banks,
plunging into the well
in the midst of the waves,
to the bottom which dazzles
even as it is quenched,
which lies down and which flies
yielding, rebelling,
descending, rising,
to the underworld, to the stars,
collapsing, derailing
freezing and burning
with forgotten weight
holding back, leaping
curling, capsizing,
riding and striving;
may there flood into his heart

di una notte di pace
al bordo concluso
lo spazio che regga
recluso condotto
di sotto di sopra.
Che lo protegga
che lo ricopra...

E' l'altra faccia
rimasta in ombra
della vita, la parte
preminente ma ignorata
in contrasto apparente
con la legge, polo e
calamita che al suolo
attira i corpi
li tiene tra le braccia
li regge li sostiene
base e piedistallo
per ciò che si è deposto
lasciato e, sì, ridotto
al puro stato...
che informa, invece,
e smuove il mondo
avendo imposto
la pausa dal cammino
arresto al moto
per un maggiore slancio:
pedana e trampolino.

a night of peace:
may it spread out,
contained and piloted,
over him and under him,
to the furthest edge.
May it guard him,
may it shelter him...

It is that other face,
left in shadow
by life, the most
important yet most neglected,
set seemingly against
the law, pole
and magnet which on this earth
draws bodies to itself,
holds them in its arms,
nurtures and sustains them.
It is the base and pedestal
for that which has been pared down,
abandoned and reduced
to pure being ...
it informs
and moves the world
putting a halt
on the progression,
a stay on the motion,
setting up for one magnificent leap:
it is the springboard, the launching pad.

Il fiore della vita
si rapprende ben prima
di essere maturo
e versa dalla poca cima
la sua cruda stesa
di spine laceranti.
E' troppo stanco
per guardare avanti
—lo abbaglia un minimo
barlume—e continuare
là in fondo al letto
a lottare per il suo futuro
in difesa ormai di una
nemica. E' persa la
battaglia, senza rimpianto.
Rovesciato sul fianco
contro il muro
fa fatica perfino
a respirare. Su
dal groppo che gli pesa
dentro al petto,
qualunque sia la piega
che distende, sente
salire solo il desiderio
infine di restare
consegnato in balìa
del fiume oscuro che,
affogato, se lo porta via.

The flower of life
hardens long before
it matures
and pours out a crude display
of lacerating thorn
from its tiny spout.
He is too weary
to look out
—the slightest gleam of light
blinds him—or to continue,
there in the depths of his bed,
to fight for a future,
defend himself against
his enemy. He has lost
the war, without compunction.
Thrown there on his side
by the wall, overcome,
even breathing
wears him down. Rising up
from that knot which weighs
on his chest,
no matter how he fiddles with
the sheet, he feels
only the desire
to remain in the grasp
of the dark river which
suffocates him and sweeps him off.

Per che ragione
non mi sia
sforzato prima
di capire?
E' colpa mia.
I fiumi di parole
a te che mi chiedevi,
che pretendevi
appoggio e simpatia
da me, opere vive.
Ti ho dato prediche
per comprensione:
sentenze, direttive
e ammonizioni.
Ti ho tradito
nelle aspirazioni,
rassegnato mio malgrado
all'avidità del mondo
e ai suoi costumi.
Ti ho lasciato solo.
Peggio, respinto
e calpestato.
Sbandato per inerzia
io, caduto
nelle contingenze,
convinto a farti astuto.
Non ti sei perso,
no, sono io
che ti ho perduto.

Why
was I not forced
before now
to understand?
The fault is all my own.
Torrents of words
were all I gave back,
when what you really looked for
was sympathy, support
and genuine actions.
I gave you sermons
in place of understanding:
judgements, directives
and admonitions.
I betrayed you
and your aspirations,
resigned in spite of myself
to the covetousness of the world
and its mores.
I left you on your own:
worse still, I rejected you
and put you down.
I had fallen
into inertia, a prey to
all my ifs and buts,
convinced that I could make you astute.
You were not lost,
No, it was I
who lost you.

"Che dura la scoperta
che hai deluso
le loro aspirazioni
e non sei affatto
come avevano sperato,
che tu non assomigli
neppure di lontano
all'idea certa
che avevano di te.
E che dolore
addolorarli
addirittura per amore
senza ingannarli
e rivelare loro
appieno lo stato già
negato invano,
la verità di mostro
sapendo di squartarli
dentro la carne
ma non potendo proprio
farne a meno
e disperarli."

È la realtà incoerente,
il vuoto e il pieno
della vita, la sua
andatura intermittente,
la misura finita
e balbuziente
del nostro piede
incespicante
scivolato su niente,
il lato e dato
umano della storia.

"How difficult it is, the discovery
that you have let them down
in their aspirations
and have not turned out
as they hoped,
that you never measured up,
even by a long shot,
to the firm dream
they had for you.
And what a sorrow
to cause them such sorrow,
deceiving them firstly
in the name of love,
then revealing
the reality
you had uselessly denied,
the monstrous truth
that will ravage them
deep in their flesh
and drive them to despair;
and yet to be unable
to do other".

It is the unfathomable state of things:
the emptiness and fullness
of life, its intermittent progress,
the finite and
irregular steps
of our stumbling
feet,
tripping up on the nothing,
the human dimension
and the given of history.

6

"Quando succede,
più niente ti assicura
neppure per il poco
e non c'è mezzo
per venirne fuori,
si spezza il filo
dell'onore, non hai
più fede in te, nelle
tue doti:
finisci alla deriva.
Così mi è capitato
di andare a fondo
perché sulla fierezza
si è imposta
la remissività,
sull'autostima
il mio disprezzo e
sull'orgoglio di prima
la vergogna, sì.
La paura del mondo
mi ha svuotato
della volontà.
Finché non l'ho incontrato
e ho sentita, viva,
la necessità
di avere e ricambiare
anch'io l'affetto.

༄

"When it happens,
nothing can give you assurance,
not even for a second,
and there is no way
out of it,
the thread of honour
is ruptured, you
end up adrift,
with no faith any longer in yourself or
in your abilities.
And so it happened
that I went to the bottom
because capitulation
imposed itself
on self-reliance,
scorn imposed itself
on self-esteem and
shame imposed itself
on my pride.
My fear of the world
emptied me
of will.
Until he came
and I felt welling in me
the need I too had
to love and to be loved.

E proprio mentre
mi appariva ormai finita,
affogato nel vano
mio dolente, di colpo
ho ritrovato
con la forza
un imprevisto senso
nella vita".

Mi sono spaventato
a contatto
con il suo dolere,
temendo di non essere
capace affatto
a reggere il confronto
con lui disfatto e spento
in giovinezza,
e aggiungendo angoscia
al mio violento stato
di sgomento. Ma,
superato poi il terrore
dopo il primo impatto,
mi sono ritrovato
pronto all'evenienza
sia pure nel tormento
e senza soluzione.
Io, amante amato,
vedendo a me
riconosciuto
—favore più crudele—

And just as I thought
all was over,
swamped as I was in useless
melancholy, I suddenly,
overwhelmingly,
discovered in myself
an unexpected upsurging
of life".

I was terrified
of contact
with his pain,
fearful that I would not
be able
to look at him,
youthful still,
but shattered and spent;
anguish was heaped upon
my bitter
dismay. But,
after the first encounter,
having overcome the fear,
I found myself,
full though I was of torment
and feelings of futility,
prepared for all contingencies,
I, the loving and beloved one,
seeing myself
granted
—cruellest blessing of all—

il fiele crudo
della sopravvivenza,
mi sento senza appiglio
ingannato di fronte
alla sentenza,
scontento e defraudato
nel risultare
contro ogni previsione
preservato e intatto.

Prenderò lui,
adesso, come figlio:
sarà per me
come eri tu,
gli vorrò bene
—te lo prometto—
anche di più,
se non ti pare
una bestemmia,
per il tuo nome
e per il tuo ricordo,
per non far torto
al tuo volere
e al tuo sentire
e non per questo solo,
non solo per dolore
e per rimorso
ma proprio per amore.

the bitter chalice
of survival,
feel I am left without a crutch,
betrayed by
the sentence that has been passed,
upset and cheated
for being,
in spite of all the omens,
still whole and intact.

I will take him
now as a son:
he will be as you were
to me.
I will cherish him
—that I promise!—
even more,
blasphemous
though it sound,
for your sake
and in your memory.
I will not despise
your wishes
or your feelings;
and not only on this account,
not only out of grief
and remorse,
but out of genuine love.

E' stato, questo,
il mio più grande errore.
Perché ho aspettato
di vederlo ormai
piegato al suo cospetto
per dirgli forte
che conta solo
quello che ha provato
e dato intensamente
chiunque abbia amato?
E' ciò che l'ha salvato
e fatto vivo
prima di essere
colpito e logorato.

This was my
greatest mistake of all.
Why did I wait
until I saw him
bent double
before saying out
that what really counted
was what he felt
and who he could give his all to,
whoever that love-object might be?
It was that which saved him
and gave him vitality
in those days before he became
wasted and defeated.

༄

"Non è per un consiglio
o una spiegazione
che ti inseguivo
ingordo nel tuo studio,
nemmeno mi importava
troppo l'opinione.
Per un abbraccio,
venivo là a cercare
approvazione.
Coprivo trattenendo
la lava incandescente
che mi montava
dentro, facendo
finta di niente
gridavo senza dirlo:
<Papà, ecco tuo figlio>".

Quanto tempo perso
senza dirsi mai
quello che conta,
privi di attenzione
l'uno per l'altro
distratti intanto verso
la cosa irrilevante
in un agire vano
comunque
poco importante.
pensando magari
di avere chissà
quale larghezza
in un'eterna dilazione,

"It was not for counsel
or advice
that I followed you
eagerly to your room.
Even your opinion
was not important.
I came to be hugged.
I came in search of your
approval.
I covered and suppressed
the lava that burnt
and welled
inside me, making of it
a thing of nothing.
I screamed silently:
Father, behold your son!".

How much time did we waste
never saying
that which really mattered,
never attending properly
to one another,
distracted by
irrevelant things,
caught in business
that was futile
and unimportant?
We thought
we were on an open road
that would expand
forever,

sprecando invece
parte della vita
in futili misfatti,
sognando arrivi e
ripetuti contatti
e, finalmente,
l'occasione.
Tacendo nel frattempo
a sé il bene provato
e per chissà
quale ragione
della testa o del cuore
ogni volta mancato.
Nell'incoscienza
della finitezza e dunque
della libertà sepolta.

L'origine segreta
a un tratto colta
e resa manifesta,
la fonte, la fessura...
di un proiettarsi
al meglio, al positivo.
In ciò che, stante,
creduto per durare
diventa poi stato
inamovibile, cessato.
Ma, intanto, è
geiser, soffione
boracifero, spumante.

we threw away whole chunks
of our lives
in irrelevancies,
dreaming of goings and comings and
frequent meetings
until, finally,
our opportunity would come.
Meantime we kept silent,
who knows why,
about the love we felt,
in mind and heart,
always missing our chances.
We never knew
the finitude
and freedom we were burying.

The secret origin,
caught all at once
and made evident,
the source, the fissure.....
of a thrust of oneself towards
the good, the positive.ô
ÆIn that which, existing,
seems durable,
then becomes
permanent, stable.
Yet all the while, it
is a geyser, a
boric acid fumarole, foaming upward.

Il sogno meridiano
la gioia posseduta
eppure andante
l'euforia...
un tocco arcano
che rende tutto
via via sempre
meno piano e
più eccitato:
sfrenata frenesia.

҈

"Se guarisco, io,
e torno a camminare,
se starò dritto
se potrò uscire
per conto mio
e andare nuovamente
come mi piaccia
dove mi pare.
Mi basterebbe
il tragitto breve
fino al giornalaio,
anche con la neve
e il rischio di cadere,
e che lucente idea
sarebbe l'avventura
di un intero viaggio
più lontano,
un'odissea da un giorno

The midday dream,
the grasping of joy,
the vanishing
euphoria....
a secret touch
which bit by bit
makes everything
less even and
more thrilling:
frenzy uncontrolled.

ॐ

"If I get better,
if I get back my walk,
if ever I can stand up straight again,
if I can get out
on my own
and go as I please
and where I please,
the short trip
to the newstand,
even in snow and
with the danger of a fall,
will be enough for me.
And what a mind-blowing thought
to make a full trip
somewhere further,
a day's odyssey,

a caccia di imprevisti
soste e incontri
scoperte e deviazioni.
Mi fermerei a bere,
solo per il gusto
e per l'odore,
una tazza di caffè e
rimarrei al chiuso
ad annusare
il fumo delle sigarette.
Entrerei a parlare
con il verduraio,
guardando il colore
nelle sue cassette
di ogni frutto e ortaggio
riempiendomi la mano
delle forme perfette.
Perderei tempo
lungo la strada
sulla traccia scovata
del mio gatto,
ingoiando l'aria
fredda e pura
e sorseggiando
per lungo tratto ancora
il sapore della nebbia.
Se guarisco... io
riattraverso il già fatto
e il già veduto,
l'incommensurabile
che ho conosciuto".

in pursuit of serendipitous
encounters, with stops along the way,
diversions and discoveries.
For smell
and taste alone,
I would halt
for coffee; and
have it indoors
just to sniff
the smoke from cigarettes.
I would enter and talk
to the greengrocer,
admiring the colour
of every fruit and vegetable
in his display,
wrapping my hands
around their perfect shapes.
I would waste time
along the streets,
tracking my cat,
gulping the pure
invigorating air
and sipping
for long stretches
the flavoursome fog.
If I get better... I
will again do the things I used to do,
look at the things I used to see,
the whole incomparable universe
I used to know."

Ma tutto è ormai
perduto, finito e
scivolato sul pendio
del tempo consumato,
svanito e dileguato
nella falla
senza ritorno
indietro dall'addio.

A forza di salire
per quanti mesi e anni
le scale della vita,
si va imparando
con l'esperienza
il rito del cordoglio
e l'arte di morire
senza inganni:
coltivando gli ultimi
istanti, al capezzale,
celebrando l'atto
finale dell'uscita e
cercando di restituire
con l'argomento
dell'intelligenza
senza orgoglio
dignità all'insufficienza
degli organi, al danno
della funzione cerebrale
e alla distruzione
progressiva
di ogni centro vitale.

But everything is gone
now, all is lost
and has slipped down the slope
of time gone by,
time vanished and disappeared
into that chasm
of farewell
without return.

Through climbing
for months and years
the stairway of life,
one learns,
experientially,
the art of dying
without trickery
and the rituals of sorrow:
cherishing the last
moments by the bedside,
celebrating the last
actions of departure and,
with the power
of the intellect
and without conceit,
seeking to restore
dignity to the failure
of the organs, to the damage
of the functions of the brain
and the progressive
destruction
of every vital part.

E' un momento di incontro
e di saluto:
la sua consolazione
nello spavento
e la consolazione
dal lamento di quanti
gli hanno voluto bene,
nel punto in cui
si stanno separando
andando ognuno
nella propria direzione.
Sospesi, gli uni, insieme
e lui di là attento
nel buio che lo abbaglia
oltre il varco adesso
di ogni previsione
dentro il rovescio
della sua medaglia.

ॐ

"Vi ho salutati,
tutti, senza parlarvi.
Vi ho ringraziati.
Siete stati
la forza e la ragione
nei miei affanni,
nonostante il male
che vi ho fatto
nel mio errore ripetuto.

It is a moment of encounter
and of farewell:
he finds consolation
in their dismay
and in the grief of those
who love him,
just as they are parting,
all going
their seperate ways.
They are suspended here in time
and he is over there, attentive,
in the dazzle of the darkness,
gone far beyond
all their previsions,
passed to the far
face of the coin.

ॐ

"I have said my goodbyes
to all of you, wordlessly,.
I have offered you my gratitude.
In spite of all the wrong
I have done you
through my constant failures,
you have been
my strength and encouragement
in my infirmity.

Ho imparato ad amarvi,
lo sapete,
e vi voglio bene ancora:
mi rimarrete in mente
e dentro il cuore.
Ma vado via di corsa
staccandomi dal mondo,
sto quasi per lasciarvi
e solo guardo avanti.
Non vedo più
neppure nel presente,
mi sento sollevato e
galleggiante, in volo,
non felice proprio
ma nemmeno sofferente,
attratto ormai dal salto
in cui precipitando
sono, e sto,
caduto".

Non è straziante, no,
come ha temuto:
giace sprofondato
dentro di sé e
abbandonandosi discende
nell'imbuto. Non
si oppone più:
qualcosa lo conduce
finalmente in pace.

You know that
I have learnt to love you
and you are dear to me still:
you will stay in my mind
and heart.
But I am going now swiftly,
tearing myself away from the world;
and as I leave you,
I look only ahead.
I am not aware
of the here and now,
I am afloat and
uplifted, as though in flight,
not completely happy,
but no longer suffering,
lured forward by the leap
into which I
hurtle
and fall".

*This is not the agony
he had feared:
he has collapsed
down into himself
and, abandonedly, descends
into the funnel. He
puts up no further resistance:
something is leading him
at last to peace.*

Diga barriera spartiacque
—isola e ponte—tunnel
cunicolo passaggio
da cui filtrare in là
tutto il resto
del mondo.
Invisibile curiosa
cucitura
che pesca su dal fondo
innesca ansia
e assicura integrità.
Il doppio gioco:
entrata uscita
paura e confidenza
la pausa e il moto.
La verità che si apre
e si richiude sull'ignoto.

Ti vedo ormai
solo di spalle
come dall'alto di una
vetta calare giù
sempre più in basso,
avanzare per la stretta
calle in fondo al varco
dove sparirai.
Non te ne andare,
stai qui, aspetta.
Sei già in contatto
con qualcosa d'altro
cui non riesco affatto
a compartecipare.

Dyke, barrier, watershed
—island and bridge—tunnel,
alleyway, passageway
filtering out
the rest
of the world.
Strange invisible
threading,
which casts its line from the depths,
baits anxiety
and achieves completeness.
The game of two faces:
entrance, exit,
fear and confidence,
pause and movement.
The insight that opens up,
then slaps shut on the unknown.

I see you now
from behind,
as if from a high
peak, travelling further
and further down,
moving forward along the narrow
alley, at the bottom of the opening,
into which you will vanish.
Don't go,
stay here, wait!
You are already in touch
with something other
that I cannot
be part of.

Non mi potrai
vedere solidale.
Chi ti mette fretta?
Che ragioni hai? Resta,
ti prego, perché
lo so che non lo sai
ma sono io
a sopportare il furto.
Aria di ogni mio
respiro, sangue
della mia carne.
Senza di te che farne
della mia vita?
Che oscure previsioni,
che flebile realtà
mi si presenta,
che innesco straziante.
Ma il tuo sguardo
è altrove:
dove, non appare
però non qua in giro.
Fissi un altro mondo
a un passo appena
eppure via remoto,
distante, siderale.

You will not
be able to see me from there.
Who is hurrying you along?
And for what reason? Stop,
I beg you!
I know you don't realise
that it is I
who am being pillaged.
You are the wind
of my breathing,
the lifeblood
of my flesh.
Without you
what can I do with my life?
What dark fate,
what lamentable future
lies before me?
What anguish waits its kindling?
But your eyes are already
elsewhere:
where, we cannot divine;
but they are not on the things about us.
You stare into another world
just a step beyond you,
yet distant,
remote, sidereal.

Labile specchio
schermo di paura
su cui campeggia
il vuoto.
Imprime alla freccia
il moto e
glissa a lato
la mano timorosa.
E il mondo incappa
nella rete, tolto
alla nebbia, per ventura
colto e richiamato
nei tratti del gesso
che si incide gratta
striscia stride,
mostro di scrittura.
Così, dal buio fermo
la lastra polverosa
fissa su dal fondo
il bordo della cosa.

Muovendo intorno
al suo vaneggiamento,
ho appena fatto
in tempo a ribadirgli
che significato
hanno avuto per me
la vita che ha vissuto
e il troppo lesto volo
che ha compiuto
sulla schiena del mondo.

Ephemeral mirror,
cinemascreen of fear
on which emptiness
settles.
It gives the arrow
its movement and
slides
the timid hand to the side.
And the world falls
into the net, held out
by fog; plucked up
and recalled, by happenstance,
in the track of chalk
which cuts, scratches,
screeches, creeps forward
with its monstrous script.
Thus, from solid darkness,
the dusty pane
looks up from the depths
which lie at the edge of everything.

Moving about
the borders of his delirium,
I just managed to let him know
what the life he led
and the early flight
he took
on the crest of the world
had meant for me.

E' stato il modo
per condividerne la sorte
fino in fondo,
restituendo dignità
alla morte e impedendo
che restasse solo.

Ammesso che si possa
ancora continuare
a essere presenti
sedendo lì vicino
a chi tacendo
chiude il suo cammino
e parlare davvero
a chi per porte interne
appare trapassare
in un altro sentiero
dentro il suo destino.

O Dio nascosto
ma forse non lontano
agognato e inseguito
senza essere stanato,
o Dio segreto
del cuore e della mente
che tutto vede e sente
decifra e ricompone,
o Dio sognato
dormendo il sonno grosso
degli ingiusti,

It was my way
of sharing his predicament
to the end,
restoring dignity
to death and preventing
him from being alone.

Can one
still continue
to be present,
sitting there close to
someone who silently
finishes his journey;
and truly talk
to someone who appears
to pass through internal doors
onto another path
into his destiny?

O hidden God,
though not far off,
sought and searched for
without being found,
O secret God
of heart and mind,
who sees and hears all,
unravels and puts together again,
O imagined God,
sleeping the great sleep
of the unjust,

qualunque sia
il tuo stato,
qualsiasi posto mai
dell'universo
ti contenga sommerso
ed infinito, perno
fisso in eterno dentro
il suo girone, tu,
scandalo del mondo,
allunga la tua mano
e reggilo nel suo precipitare,
portalo di là
oltre il fosso grigio
del nostro disamore
e fallo lì planare
nel lieto tuo alveare
dal fondo dell'abisso
nel fiore del tuo fiore.

Che sarà, dopo?
Cosa accadrà?
In uno stato di incoscienza
permanente...
oppure, un vuoto...
o, peggio, il niente...
Chissà che un altro
modo di sentire
non ci consenta l'esperienza
di una vita rianimata
dal morire.

whoever
you are,
whatever place
in the universe
holds you submerged
and infinite, hub
eternally fixed in
its circle, you who are
the scandal of the world,
stretch out your hand
and guard him in his fall,
carry him off
over the grey walls
of our unloving,
and make him land
in your blissful hive,
away from the bottom of the abyss,
in the flower of your flower.

What will happen afterwards?
what will occur?
In that permanent state
of unconsciousness ...
or void ...
or, worst of all,
nothingness ...
Who knows but that
another way of feeling
will allow us experience
a life revived
out of death.

La forza che si gonfia
premuta e prorogata
ancora per chissà
quale estensione,
la furia incontrastata
e prepotente mentre
sale tronfia e investe
con la sua violenza
e azzanna ognuna
delle parti peste,
la potenza intatta
che lo spinge a uscire
fuori da se stesso
proteso e sbilanciato
dentro lo spacco
della sua ferita
aperta e tumefatta
mai più cicatrizzata.

Piena che porta
che piega che smonta
da sponda a sponda
che cala che salta.
Onda che prende
che piomba e dilaga
che versa che fonde
che spande che
dissipa avvolge
congiunge. Finché

ᘒ

The force which bloats him up,
contained, and lasting
for who knows
how long more,
the all-potent
and arrogant fury,
grown haughty
and violently mauling
and attacking
every infected part,
the untrammelled power
which pushes him
to depart from himself, is
outstretched and rampant
within the fissure
of that raw,
tumescent wound
which can no longer be cicatrized.

Flood that carries,
that turns, that flattens
from one side to the other,
that falls, that leaps.
Wave that catches,
that swoops, that scatters,
that builds up, that overflows,
that spreads out, that
recoils, that wraps round,
that conjoins. Until

si infranga e giaccia
occulta la presenza
cancellata. E sotto
l'urto della valanga
divelta risulta sradicata
dalla sua falda.

Il corpo è piatto
senza tono
costretto a un foglio
di velina che si fa
corto e vuoto
non sostenuto più
dal soffio,
il palpito è dissolto
e sciolto il fiato
è spoglio, svanita
la sua essenza, l'aria
è uscita dall'involto
in abbandono
e già in balìa del niente
e dell'inesistenza.
Andato chissà dove,
estratto, lui è spirato
e gli è volata via
la luce dallo sguardo,
è diventato opaco
e grigio nell'istante,
con gli occhi sgonfi
senza le pupille.

it breaks up and
hides itself,
here no longer. It lies beneath
the thrust of the uprooting avalanche,
which tears things out
from their bases.

The body is flat
and colourless,
constricted to a leaf
of tissue which becomes
lacklustre and empty,
now that it is sustained no longer
by breath;
the heartbeat is cut off
and dissolved; respiration
is finished; his
essence is here no longer; the air
has left the abandoned
husk; he has
gone already into the arms
of non-being
and nothingness.
Gone who knows where,
he has vanished and flown.
The light has disappeared
from his eyes, which
have become opaque and grey,
flat and
pupilless,
in an instant.

Gli si è spenta,
la vita,
dopo la tormenta.

Che senta o no
ancora... Diventa
un altro stato
poi che è scivolato
dalla violenta fase
del dolore
alle tranquille ombre
di una parvenza
stenta e già svanita
prima della sua
sortita.

Cosa ci resta?
Se non la privazione,
la condizione monca
da sopportare intanto
insieme con i sensi
di colpa
per quanto potevamo
e non abbiamo fatto.
E' morta lì con te
gran parte di noi stessi,
perché senza saperlo
eravamo i complici
di quasi ogni tuo atto,

Life is spent
after the storm
has gone by.

Does he or does he not
feel anything? ... He has entered
another state,
free
from the violent phase
of pain,
into a quiet shadow
of the strain,
which has itself
vanished,
even before
his exit.

∂

What is left for us?
Only loss,
a condition of incompleteness
which we must put up with,
together with feelings
of guilt
for all that we might have done
and never did.
A great part of ourselves
lies dead there with you,
because, without our knowing it,
we were the accomplices
of all your actions:

perché era vita nostra
la tua vita.
O figlio amato
e, nell'amarti,
finalmente conosciuto
pieno di tormenti
e di virtù segrete.
Che mesta eredità,
che amari sentimenti
ci è capitato
di ritrovare, ignari.
E da *Tizzoni Ardenti*
come ci avevi battezzato
eccoci qui ridotti
—se ci vedessi—
a mozziconi spenti,
in attesa magari
—e lo speriamo—
di ripigliare fuoco,
un poco almeno
nonostante il rimpianto
per la gioia, più,
che ancora avresti avuto
tu, che per la festa
che ci avresti dato.

La pace dopo la furia
scatenata. Giace
riverso sulla sua
sciagura, perso alla
vita, l'appestato.

your life was
our life.
Beloved son,
revealed through our
loving you, to have been
full both of anguish
and of hidden goodness,
what fearful inheritance,
what bitterness
has become ours
all unawares?
You termed us,
"Blazing Coals":
now we are
—if you could but see us—
burnt-out embers,
waiting—we hope—
despite our grief,
to be rekindled,
partially,
through our knowledge of the joy
which you experienced,
rather than from the feast
you might have prepared for us.

Peace after the unbridled
fury. He lies
as one infected,
turned towards his calamity,
lost to life.

Giustiziato dalla legge
spuria. Senza scampo
sotto tortura
caduto e scorticato.

6

Non è per niente
la piaga biblica
non è la punizione
per i mali del mondo
non è un castigo
ma un delitto atroce
un'offesa alle persone
della natura indifferente
e a portarne la croce
negli anni cardinali
della loro vita
è la schiera folta
e non cattiva
dei giovani
finiti alla deriva
sotto la cappa nera
per una colpa vaga
di slancio e delusione
frutto dell'età
e per la confusione
di parti e di obiettivi.
Lasciati privi
del tutto di difesa
e non potendo opporre
resistenza all'aggressione
già in balìa della malattia
dell'ipocrita nemico

Condemned by a spurious
law. Without escape,
tortured,
flayed and fallen.

ও

This is not at all
the biblical plague;
nor a punishment
for the evils of the world.
This is not some just castigation;
it is rather an atrocious crime,
committed against
insignificant people.
And the cross is carried
in the years of their prime
by the large,
harmless battalions
of the young,
who have gone adrift
beneath this dark pall
for a vague fault
of impetuousity and disillusion,
the fruit of inexperience
and a confusion
of goals and roles.
They remain deprived
of any defence
and are thus unable
to resist the onslaught.
They are prey to the malady
kindled by their hypocrite enemy

che, feroce imbroglio,
si traveste e spaccia
per diverso
sfuggendo quanto occorre
a chi gli dà la caccia
e, incolume così
vigliacco, intanto
fa la sua razzìa
senza pietà saccheggia
nel sommerso.

Stato ancipite
della natura,
la sua duplicità
di scudo e di nemico
è fonte di rimedi
e di pericoli mortali
e tanto ci concede
per quanto chiede
in cambio. Niente
ci regala che
già non ci abbia tolto.
Arte dell'ambiguità
testa di ponte,
ci guida di ritorno
dal passato remoto
nell'età futura.
Alle sue soste
oppone il moto,
il pieno al vuoto
il positivo
incontro al negativo
e a ogni azione poi

who with low deceit
disguises himself to appear
other,
fleeing
those who give chase,
and, uninjured still,
sacks and pillages
cravenly,
mercilessly
and under cover.

Nature,
with its two faces,
both protector
and aggressor,
can be a source of healing
and source of mortal danger;
whatever it gives
with one hand,
it looks for again with the other. It
offers nothing that
it has not already taken.
The art of ambiguity
is the bridgehead
by which it leads us back
from the remote past
into the future.
To its times of rest,
it opposes motion,
to fullness, emptiness;
to the positive,
the negative;
and to every action,

una reazione,
uguali e opposte.
Sprona in noi risposte
per darci scampo
in quell'ambiente
che ha creato intorno:
ci cala dentro il rischio,
sfida di molto
la nostra immunità.
Ci perde in parte
per salvarci in toto.

La sua vita
non è più
nel corpo,
qualcuno gliela
ha estratta.
E' altrove ormai
più su nell'aria
levita leggera
si allontana
intatta
dal guscio dove era
prigioniera.

☙

an equal and opposite
reaction.
It urges responses on us
that give us a way out
of the predicament
into which it has already placed us:
it puts us at risk
to test out
our immunity.
It makes us perish partially
to save us totally.

His life
is no longer
in his body;
someone has
removed it.
It is elsewhere,
lifting up lightly
into the air,
moving away
wholly intact
from the shell in which
it had been held prisoner.

A restare, poi,
per poche ore ancora
è questo involucro, di noi,
contratto e rattrappito
denudato nel profondo
fatto bianco sporco
del colore pesto
della cera.
Lo spirito vitale
che impregna
l'imo dei tessuti
facendoli pulsare e
dando loro unanime vigore,
se ne è uscito
andato dileguando
a navigare quali mari?
L'anima fuggendo
l'ha trascinato fuori
prima dell'assalto
che propagando dentro
tutto ha dilaniato.
Vergogna e disonore
di una natura che,
incurante, ci sfigura
fino a lasciarci
non più riconosciuti
ai nostri cari.

Ma quale dignità
o mai significato
può esserci
in un'azione
tanto deturpante...

What stays then,
for a few more hours,
is this wrapping around us,
shrunken and contracted,
stripped bare,
become a dirty white;
and dull as wax.
The life-spirit
that seeps through
the deepest tissues,
making them throb and
giving them their energy,
is gone,
slipped away
to sail what seas?
The fleeing soul
has dragged it off
before the onslaught
within that
tears everything asunder.
This is a shame and infamy
that thoughtlessly
disfigures us
until it leaves us
no longer recognisable
even to our loved ones.

What dignity
or what significance
is to be found
in such defilement .....

Il maligno predatore
avanzato dall'interno
cintura e poi macigno
con le sue torte
propaggini aggrappato
con gli uncini
dei tentacoli entrato
nell'oscura fondità
sanguisuga dei tessuti
ordigno e parassita
senza rumore intanto
ha divorato vita
dal cuore sino
agli ultimi confini
guastando
mordendo avidamente
adulterando
appiccando l'inferno
all'interiore.

Unghia feroce
lama fedele
che scava selvaggia
attorce ed impiglia
fa brace ed agghiaccia
accresce e consuma
tra le sue braccia
la sorte crudele.

The evil predator
advances from within
our circles of defence,
its clinging
branches grappling
with their tentacle
hooks, slithering
into our darkest depths.
Bloodsucker of tissues,
contrivance and parasite,
it has silently
swallowed up the heart's
vitality
to the very pith,
greedily devouring,
infecting,
contaminating,
stoking the inferno
within.

Fearsome claw,
faithful blade
that digs savagely,
twists, entangles,
ignites, freezes,
swells and consumes,
holding cruel fate
in its arms.

Me ne rendo conto
a stento ma
nonostante tutto
sono contento, ora,
che si sia sottratto
infine al male
subdolo e impietoso
degradante
che ha devastato
il corpo e la sua mente,
ottenebrato dal dolore
arso dalla fiamma
che giorno dopo giorno
l'ha eroso e estinto
nei suoi strati sani
della giovinezza.
Però non l'ho
accettato, il dramma,
nell'averlo conosciuto.
Non è stato di conforto
alla mia incertezza
che l'unica salvezza
sia, talvolta,
la morte
per chi ami.

Se ne è andato
abbattuto dal male
maledetto, depredato

୧

I scarcely
realise it but,
in spite of all,
I am happy now
that he has at last escaped
the subtle,
unpitying
and degrading malady
that devastated
his mind and body,
smothering him in pain,
burning him in a fire
that day after day
erodes and extinguishes
the healthy tissue
of his youth.
But I have not
accepted it; the drama
was in the experience.
It was no comfort
in my predicament
to know that the death
of those
one loves is
sometimes
their only salvation.

He is gone,
struck down by the accursed
illness, despoiled,

e fatto oggetto
del guasto e dell'oltraggio,
in mezzo a quanti
l'hanno sostenuto
amici e testimoni
del dato e dell'avuto
garanti del passato
e del rispetto che
una morte anche lurida
propone agli ultimi
sussulti e crudi spasmi.
Orfani più loro, i vivi,
di quel che avrebbe,
lui, potuto essere
ed è ormai perduto
e, insieme, eredi adulti
del vasto capitale
del suo affetto.

E, poi, magari
l'anima è immortale:
qualunque strada
prenda, indenne
riesce a scavalcare
l'infinita sofferenza
che ha patita
e a non restare
inerte e lì stordita
dalla confusa infame
faccenda terminale.

subjected
to insult and decay
even in the midst
of those who bore him up,
the friends and witnesses
to the giving and the taking,
the guarantors of the past
and attestants to the respect
that a death, however lurid,
calls forth, right up to the final
tremors and spasms.
The living are
made orphans by their losing
that which he might have become
(and which now is perished)
and yet they are also heirs
to the vast patrimony
of his affection.

But perhaps after all,
the soul is immortal:
whatever road it
travels, it manages
to safely overcome
the infinite suffering
it has undergone
and not remain
stunned and numbed
by this awful, confused
and fatal travail.

Dovunque vada,
che scenda o salga,
comunque non si perde
col suo precipitare
dentro al delirio
in preda all'incoscienza.

...la lenta discesa
a spirale
verso l'oblìo
la luce che cala
e si appanna
insieme al respiro
il cervello
che muore
ingoiandosi l'io...

༅

Oltre la sfida finale
e la battaglia persa
nel perseguito intento
di resistenza
all'oltraggio presunto,
sotto la ferrea guida
dell'istinto
di sopravvivenza,
è già iniziato e
avanza lento
il viaggio di ritorno
dalla cima della vita

Wherever it goes,
whether it rises or descends,
it is not lost
or become prey to unconsciousness
in its fall
into the delirium.

...the unhurried descent,
spiralling
towards oblivion,
the light that fades
and dims,
together with the breath,
the brain
that dies
devouring the I...

ॐ

Despite a final challenge
and his futile battle
to resist
the impending outrage
(which he doggedly undertook,
driven
by the iron instinct
to survive),
the return journey
from the apex of life

al punto suo iniziale:
lo stato indefinito
—di dimenticanza
oppure inesistenza?—
di prima ancora
che fosse concepito.

Non si sa come
e quando. Però
può darsi che
cessando
non si smetta
di essere, intanto,
e che una nuova
forma di percezione
sia la condizione
che ci aspetta.

Muore il corpo
ma non muore,
forse, la coscienza.
Cresce e si potenzia
proprio mentre
il suo contenitore
procede sulla via
di una progressiva
decadenza
e, all'atto del distacco,
neppure più si arresta
contro il muro
dell'assenza.

to its starting point
has already begun
and steadily moves forward
towards that indefinite state
—of forgetfulness
or inexistence?—
that prevailed
before his conception.

No one knows how
or when. Perhaps,
however,
in ceasing
one does not stop
being; and
a new form
of perception
is the condition
that awaits us.

Perhaps the body dies
but not
the consciousness.
That grows and burgeons
just as
its container
goes along the path
of progressive
decomposition
and, in the moment of separation,
it is not halted
by the wall
of absences.

Non cessa affatto
l'attesa del futuro.

Oh, la moderna morte
occultata depurata
dalla decomposizione
resa esterna finita
sigillata in ospedale
sterilizzata apparente
senza puzzo né rumore
per terrore cancellata
dai discorsi bandita
esiliata sospesa
camuffata tolta di mezzo
per interesse di bottega
privata di valore
eppure lì presente
oltre la pretesa
sua smentita:
argine e taglio
irriducibile demarcazione
a quel che non si piega
e oppone la possente
interna sua deflagrazione.

ᚳ

The hope for a future
never falters.

Oh, modern death,
kept hidden, preserved
from decomposition,
externalised, sealed
and plastered over in hospital,
sterilised so that it emits
neither smell or sound,
cancelled out by fear,
banished from discussion,
suspended and evicted,
camouflaged, removed
for commercial reasons,
stripped of significance,
yet present always
even in the midst
of the denial:
border and cutting off point,
irremovable boundary line
set before all that does not bend,
all that tries to oppose the powerful,
internal deflagration.

ॐ

Come tacere e via
far finta di non
vedere la ferita,
temere solo
che sia finita,
lasciati andare
e condannati
alla deriva...
Rimossa e vinta
la paura forte
della sepoltura,
lo spettro della fossa
dove il sé non viva,
guardare in faccia
e non più considerare
una minaccia
o una vergogna
la lama
che recide il filo.
Per riconciliarsi
con i cicli immutati
e riappropriarsi
della propria sorte.
Perché il lutto
chiama la vita,
non altra morte.

Che tutto cada
morto
per essere risorto,
che venga consumato
per essere rinato.

How do you stay silent
and pretend not
to see the wound,
afraid only
that the end is come....
let yourself go
and you are condemned
to drift.
The huge fear
of being buried,
the spectre of the grave
where the self does not survive
is vanquished and gone,
so that you can look head on
at the blade
that severs the thread
and no longer consider
it a menace
or disaster.
You reconcile yourself
to the immutable cycles
and take hold again
of your proper fate.
For grief
calls towards life
not to other death.

Let all things fall
into death
so that they may be revived;
may they be consumed
so that they may be reborn.

E' il trionfo
della vita perpetuata
mentre si è sepolta.
Come ci è stata
preparata, la strada,
noi la prepariamo
a nostra volta
e moriamo
perché altri viva
a nostro danno
e gloria.
Ogni generazione
è sostituita
dalla successiva:
storia continuata
da altra storia,
serie mai finita.

Ma la continuazione
invece può finire,
in parte menomata
e poi impedita
comunque demolita
se sono i giovani
a morire
e non c'è più ricambio
a loro nel seguire.
La rotazione cede,
dirottata, alla sua
legge impazzita.

☙

Life triumphs
in living on
even as it is entombed.
Just as the way
has been prepared for us,
we in our turn
prepare the way for others
and we die,
towards our glory
as much as to our detriment,
so that others might live.
Every generation
is replaced
by the next:
history is continued
by other histories
in unending sequence.

But the sequence
may end up
reduced,
curtailed,
wiped out,
if it is the young
who die
and there is no replacement for them
in the succession.
Once the rotation is disrupted,
it yields to its own
crazy laws.

☙

Si può truccare
ma non di tanto
la partita,
tendere e prolungare
con ogni mezzo
le soglie naturali
della vita.
E' un vanto
che costa il prezzo
della ferita
non più rimarginata
e della vena secca
siliconata.
Si spegne la fiammella
inevitabilmente,
si incrosta l'apparato
snervato lentamente
consunto e arrugginito.
Ma la novella
degli dei immortali
fa da invito
e non ha fine
il sogno di rigenerare
la linfa inaridita,
di restaurare il guasto
irreparabile
con il rimedio
intanto del bisturi
e della vitamina.

The game can
be fixed,
but only minimally,
by stretching and extending
in all kinds of ways
the natural bounds
of life.
This vanity
is paid for
by wounds
that never heal
and dry siliconated
veins.
The flame is quenched
inevitably;
bit by bit the worn-out,
rusty apparatus
scales over.
But the myth
of the immortal gods
still calls to us
incessantly,
the dream of reviving
the dried-out lymph,
restoring the irreparable
rupture
with the nostrums
of lancet
and vitamins.

Vecchi luminosi
specchi di una forza
estrema del distacco
presenti eppure
già lontani dalla vita
in piedi sull'abisso
senza appigli
testimoni del tempo
e di una sua promessa
eterna ed infinita
senza paure aperti
generosi di sé
fino allo spreco
sangue e respiro
voce del mondo
dolce compagnia
per i pochi figli
dei loro stessi figli
messi sulla via.

Vecchi ingordi
assetati di potere
attenti a tirare
i fili dell'intrigo
sordi alle ragioni
della successione
attaccati con gli artigli
alle loro posizioni
conquistate a che prezzo
adulterate e rese
possesso personale
mantenute poi
con ogni mezzo.

Luminous old men,
reflecting the enormous
force of seperation,
present yet
already gone from life,
standing on the abyss
without toehold,
witnesses to time
and its infinite
and eternal promise,
fearless, open,
giving generously of themselves
even to the squandering
of blood and breath,
voices of the earth,
sweet companions
for that handful of children
of their own children
who have been set on the way.

Greedy old men,
thirsting for power,
intent on manipulating
the threads of intrigue,
deaf to the claims
of those who follow on,
clinging with their claws
to those positions
which they attain firstly at any price,
then contaminate and make
into personal fiefdoms:

Specchi di se stessi
ostili o indifferenti
alle attese e ai sospiri
avari di consigli
contenti e convinti
di non essere passati
portati a ritenersi
eterni e ineguagliabili
non più sostituiti
e spinti a ostacolare
il ricambio naturale
e a negare
per pura presunzione
la presenza e i diritti
le qualità dei giovani
figli o non figli
messi in sospensione
tarpati e rifiutati
derelitti.

They mirror themselves only,
hostile and indifferent
to hope and aspiration,
parsimonious with counsel,
self-satisfied and convinced
that they are still not past it,
considering themselves
eternal and without paragon,
irreplaceable;
bent on impeding
natural renewal
and denying
with utter presumption
the presence and the rights,
the giftedness of the young,
their own children and those of others,
whom they place in suspension,
make into wing-clipped, rejected
foundlings.

Senza la morte, no,
non ci sarebbe
né sorte né destino.
La vita correrebbe
non più fino
alla soglia definita,
privata di ogni senso
e condannata
ad essere vissuta,
sia pure al passo
lungo dell'immenso,
nell'indifferenza
più assoluta.

Se so che morirò
e che con me
potrà bruciarsi
l'enorme ammasso
della mia coscienza,
allora l'atto
sarà di fatto
condizionato ma
anche illuminato
dall'evidenza
dell'affrancante unicità
di ogni istante
che passa e se ne va.

၆

Without death
there would be
neither fate nor destiny.
life would run
towards no definite
threshold:
deprived of meaning
and doomed
to be lived out
along the long path
of immensity
in the most absolute
indifference.

I know that I will die
and with me
the enormous mass
of my consciousness
may burn;
the act will be
conditioned
and illumined
by the fact
of the redemptive uniqueness
of every instant
that comes and that goes.

E' il pungolo
che incalza e spinge
senza lasciare tregua,
lo stimolo del lutto.
E' l'ostacolo
contro cui si tenta
tutto, per prorogare
l'inquietante
dell'improvvisamente
inanimato, la paura,
lo stato più allarmante
della cancellazione,
per differire oltre
l'angoscia ritornante
dell'essere annientato,
per ingannare il tempo
che avanza nel passato e
spranga, stringe forte
le porte della sorte
sua futura.

Senza la morte
non ci sarebbe niente
né società né storia
non l'avvenire
e neppure la speranza.
E' la condizione
necessaria
per la sopravvivenza
della specie.

The stimulus of bereavement
is a spur
that shoves and nudges us
without respite.
It is the obstacle
against which we
constantly strive,
attempting to postpone
the terror, the trauma
of sudden
inanimateness,
the alarm
of annihilation;
to deflect
the recurring anguished dream
of being wiped out;
trying to outmanoeuvre time
which advances into the past
and drops its bolt, shuts tight
the doors of
our destiny.

Without death
there would be nothing,
neither society nor history,
nothing to come,
not even hope.
It is the necessary
condition
for the survival
of the species.

Anche se non
convince affatto
la spiegazione,
non è soddisfacente
per le attese umane
rispetto all'atto
di volontà di ognuno
di risultare lui nella realtà
sempre e comunque
quello che rimane.

L'io all'erta
di fronte a sé
ostacolo inibito
e sulla traccia
del fatto depistato.
Ma buco della chiave,
fessura aperta
verso l'impensato:
che giaccia dentro
il fondo piatto
la profondità e nel
finito stia l'illimitato,
continuamente morto
eppure già rinato.
L'immagine diversa
dall'immaginato.
E, nel gioco di
differenza e identità,
svelato il poco
di verità, nella scoperta
che il mondo noto
non è affatto
l'unica realtà.

If this explanation
does not
convince:
death's absence does not satisfy
the human longings
inherent in
the wish of every one of us
always and everywhere
to be
the one who remains.

The I on alert
before itself,
obstacle
on the track
of sidelined fact;
yet it is also a keyhole,
a fissure
that opens into the unthinkable:
underneath the flat surface
lies profundity,
beneath the finite lies the infinite,
we are continually dying,
continually reborn.
The completed image is always
other than that which was imagined.
And in the game of
difference and diversity
lurks the little morsel
of truth,
that the world we know
is not in fact
the only reality.

Dal dietro di uno schermo
o un vetro opaco
di grana appena
lattiginosa
si percepisce
l'ombra che frana
la sagoma mai intera
senza contorno
un attimo soltanto
prima che cada
sotto specie vana.
Per tutto quello
che non vedo,
io credo,
qualcosa resterà
di noi. La parte
più sottile
e più leggera
volerà via
e troverà la strada
da cui passare poi
dentro il giardino
nel retro del mondo.
E lì nel fondo cieco
dove la vita
finisce ai nostri occhi
scandita dalla morte,
fluisce un grande
fiume di energia
che spande e che riversa
oltre le porte
l'eterno nel presente.

From behind a screen
or through some opaque,
milky
glass
one sees
the crumbling shadow,
the unfinished
and edgeless silhouette
seconds
before it falls
into vanity.
Despite so much
that I cannot fathom,
I believe
that something of us
endures. The lightest,
thinnest, part of us
flies off
and finds its way
through
into the garden
at the back of the world.
And there in that blind alley,
where life
seems to us to vanish
beneath the imprint of death,
a great river of energy
is flowing,
which expands and pours
the eternal across the barriers
of the now.

Lassù sopravvenuta
fino all'altezza
acuta del superno
nello splendore
cosciente della luce
se ne starà sommersa
nel mare di dolcezza
e scoprirà di colpo
la sua pace assoluta.

There above
at the apex
of the celestial,
in the conscious splendour
of light,
we will become submerged
in a sea of sweetness
and find in a flash
our absolute peace.

www.ingramcontent.com/pod-product-compliance
Lightning Source LLC
LaVergne TN
LVHW091309080426
835510LV00007B/432